JN418793

Kim IL-Tae

시인 김일태

바코드속 종이달

시인 김일태/ 金一泰

1957년 경남 창녕 출생.

『시와시학』을 통해 등단, 시집 『그리운 수개리』, 『호박을 키우며』, 『어머니의 땅』을 펴냈으며 창원시 문화상, 황우문학상 등을 수상. 창원문인협회 회장을 거쳐 창원예술문화단체 총연합회 회장, 고향의봄기념사업회 회장 등을 맡고 있고, 통영국제음악제, 낙동강유채축제 등의 산파 역할을 함.

직장인 마산 MBC에서는 PD를 거쳐 전략기획실장으로 일하고 있음.

바코드속 종이달

지은이 | 김일태
펴낸이 | 설보혜
펴낸곳 | Poetics 시학
1판 1쇄 | 2009년 2월 28일
출판등록 | 2003년 4월 3일
주소 | 서울 종로구 명륜동1가 42
전화 | 744-0110
FAX | 3672-2674

값 8,000원

ISBN 978-89-91914-58-2 03810

김일태 시집

바코드속 종이달

Poetics 시학

■ 시인의 말

북데기 같이 여겼던 일상과 이유 없이 미웠던 이들까지도
얼마나 은혜로운 것인가 알라고
지독한 고통이 내게로 와서
날마다 갈던 욕망의 칼마저 버리게 하고는
으름장 놓다 돌아갔다

불혹을 넘어 지천명의 나이로 접어들었지만
내면을 투사할 길은 아직 막막하기만 해서

나는 지금
볕살 홍근한 양지녘에 착하게 앉아서
몸에 시심詩心이 되돌기를 기다리고 있다

2009년 이른 봄
김일태

차 례

제1부 누군가를 사랑한다는 것

제2부 낮달로 그려내는 풍경

제3부 슬프고 기쁜 혹은 우울한

제4부 생과 멸의 사이, 날을 세우다

제1부

누군가를 사랑한다는 것

파도의 속성에 관하여

누군가를 사랑한다는 것은
스스로를 던져 버리는 일

세상이 빛을 비운 뒤에도
홀로 깨어
속내 일며 다가가서
맨살 맞대 보는 것

나직나직 가슴 부비는 소리
뭍이 바다와 만나는 소리

모래톱 짓듯
사랑은
짭조름히 서로에게 배어드는 것

질膣을 내며
뭍이 들이칠 때마다
솟구치며 쏟아내는

환호성 같은 것

사랑은, 그대 있는 샅샅에 나를 두어
절절하게 꽃이 되는 일
하얗게 피어서 부서지는 일

부서진 나를 낮게 거두어
야무지게
다시 그대 앞에 세우는 일

길을 듣다

주왕산을 다녀온 뒤
일상에 머뭇거리는 버릇이 생긴 것은
언젠가 가 본 듯한 첫 산행길이어서만은 아니다
고갯마루 갈림길을 지나면서
한 생애 전에도 같은 길을 선택했을 법한
그 느낌 때문만도 아니다
안면이 있는 듯 고개 갸우뚱거리며
아이들이 쌓아 놓은 냇가 돌탑 위에 앉아
말 붙이려 하던
잠자리 한 마리 때문만도 더더욱 아니다
굽이 틀며 내리 휘돌리는 흐름의 유혹 속에서도
내 안의 소리에 몰입하기 위해
돌보살들이 수천 년 내공으로 깎아 키워 온
되돌이 표식 같은 귀들
계곡 가득 울리던
그 거대한 윤회의 귀나팔소리가
팔월 대낮 폭포지던 골바람처럼 맴돌면서
내 귀를 자꾸 파서 키우기 때문이다.

소만小滿을 지나며

소금쟁이들이
봄과 여름 사이가 좁다고
시내 웅덩이에서 안달을 하고 있다
물흐름보다 가볍게 떠서
허공 깊이 달아나는 지빠귀와
뜀박질 경주도 해 보다가
찔레꽃 씬냉이꽃 향내도 툭 흐트려 보다가
전깃줄을 잘도 비켜 가며
미루나무를 거꾸로 미끄럼도 타다가
물낯 간지러워 주름 잡히건 말건
퉁퉁 분 산 젖무덤 더듬다가
구름 한 자락 타고 쭈욱 흐르는 사이
철없는 대암산 소금쟁이들이
아파트 경계 가파른 시멘트 보를 넘을까 봐
골짝을 내려온 조각돌들
속이 맨질맨질하다

잎 지는 소리 듣다

스스로 감당할 수 없을 때 돋아서
잎은
가장 가벼워졌을 때 스스로 진다
지켜서 오고 맞추어 그냥 감을
소리 내어 알리고 싶지 않기 때문이다

칠십 평생 흙 말고는 쥐어 본 적이 없는
병 없이 살다 가신
상득이 어른

바람 착한 날
다투지 않는 모습으로 모든 것 되돌려주고
낮음을 취하는
저 든든한
땅울림

타이어에 대한 명상

맨땅에
닿는다는 것은 숭고한 일
닿아서 다른 이들을 받든다는 것은
거룩한 일

구두 한 켤레 값어치밖에 안 될지언정
짝을 이루어
여남은 사람을 안고 달릴 수 있다면
남을 해칠 수 있는 힘을 가졌음에도
누리지 않을 수 있다면

적의 없는 분노를 팽팽히 품고
거친 맨바닥을 스스럼없이 길 수 있다면

예순다섯 날을 삼보일배로
무릎걸음한
그래서 아름다운
지율 스님

주남에 젖다

주남으로 날아든 바람은
물 위에 내리지 못합니다
흘러들어 와서는 되돌아가지 못하고
빈 데 없이 자리 잡고 앉아 있는
저 많은 발자국들
시울 방죽 가득 그렁그렁
눈물처럼 무심하게 깊어져서는
꽃 이파리 밑 혹뿌리로 자운영의 살림을 키우거나
슬금슬금 마디뿌리로 갈대의 영토를 늘리거나
땅버들로 늙어 살갑게 굽어보며
어머니처럼
속 깊은 가슴에 산봉우리 지으며
뭇것들을 키우고 있습니다

상처가 뒷심을 키운다

노인 병동 기대 선
늙은 소나무
시키지 않은 쪽 기웃거리다
가지가 잘렸다

회 다지듯 아픈 상처 감싸지만
나무는 이내 마개로 단단히
눈물을 막을 것이다

산다는 것은 가슴에 옹이 박는 일
세월 고비마다 못을 만들어 품고
바르게 꿈을 이루어 가는 것이라고
숭숭히 상처를 내보이고 있지만

잔가지를 버리지 못해 바람이 놀이터 삼고 있는
어깻죽지로
더 이상 옹이를 만들지 못할 때를 대비하는

예감이

들숨날숨하다

눈귀를 트다

나이가 들면서 눈부터 나빠지는 것은
앞가림 잘 하라는
타박이라고

돋보기로 들치고 훑어서라도
그저 겉모양에만 끌리지 말라고
속내를 보아야 한다고

바깥을 흐리게 하는 대신
안을 밝게 하는 것이라고

밤실 연동할매
눈이 어두워 사람 분간 잘 못해도
마음은 면경알 같다

비파나무에 깃들다

어쩌면 전생에 잠시 머물렀다 간 그 여인을 닮았을까
순하게 햇살을 받아들이며 서 있는

속열 다스려 주렁주렁 저며낸
깨꽃 같은 살구즙 같은
그날 밤 당기고 풀던 노랑노랑한 기억들

가녀린 손가락이 현을 넘나들 때마다
실려 오는 낯익은 궁중의 옛 이야기 혹은
이국의 쓸쓸함

바다를 바라보는 것마저 병이 된 양
기억 저편을 향한 넉넉한 손부채로
바람을 부르면서 또 털어내고 있는

갯벌처럼

냇물 갱물이
금금하게 마주 닿듯
너와 내가
벽 없이 만날 수 있다면

뭍과 물이
짜지도 싱겁지도 않게
비릿하게 섞이면서
작은 것은 큰 것을
큰 것은 작은 것을 위해
스스로를 던지고
죽어 서로의 살로 다시 살아나는

저런 경계 없는 요령으로
너와 내가 엮여
자꾸 깊어질 수 있다면

푸른 그늘에 잠시 쉬다

용지호수 수양버들 몸을 풀어
지상으로 마음을 내리고 있다
부대끼고 싶은 것이다
저도 한번쯤은 정인의 허리를 감고 걷다가
호수를 내려다보면서
황금잉어 꼬리짓 같은 야릇한 생각을 해보고 싶었을
것이다
치렁한 옷 벗고 함께 첨벙거리고도 싶었을 것이다
후미진 길가 소꿉처럼 기대고 앉아
꽃가루같이 자질구레한 이야기들을 퍼트리면서
헤프게 웃고도 싶었을 것이다
이렇듯 잔잔한 연민의 수면 위로 고니 한 쌍 들락거
려도
파문이 일지 않는 가끔은
우직한 가슴이고도 싶었을 것이다
내가 정작 그리워했던 것이 내게로 돌아가는 일
이라는 것을
슬슬 알아 가고 있는 것이다

은사시나무

바람을 내치기 위해
바지런히 손을 젓는데
사람들은 바람을 시켜 잎에 수작을 걸어 놓고는
그녀가 오래 흔들리도록
잎자루 같은 끈으로 비끄러매어 놓았다

상남시장 단란주점 주인 아지매 같은

저 바람나무

애기동지

산복도로 위 삐알밭
무서리
자지러지게 빛나고

흔한 바라기 꽃도 하나 없는
새벽
깃들 곳 없어
달 하나
아파트 숲 위에
부표처럼 떠 있네

배춧잎 어는 소리인가
사락사락
손수레 끌고 집으로 돌아가는 소리

기쁘다 구주 오셨네
네온 불도 밝은데

동호항 풍경

괭이갈매기 낮게 날고 있는
통영 동호항 부둣가 사내 서넛

사뿐사뿐 깨춤 추듯 가는
살성 좋은 젊은 아낙에게
농을 건다

아저매요 제비 한 마리 키우소
안 할라요
왜요
요새 제비들은 똥을 싸사서

담부랑을 넘어 보던 유자 몇 알
순간
탱글탱글해졌다

시루봉*

누가 하늘을 높이 키우고 있는지 와서 보라
가슴을 드러내 놓은 채
장복 불모 장엄한 허리 베고 누워
하늘에 젖 물리고 있는 산이 있다

검푸르도록 유선도 선명한
양지바르게 진해 바닷물 갈무리해 올려
수천 수만 년 먹이고도 팽팽하게
불어 있는 저 젖꼭지
영험하다며 어느 왕녀도 비손 다녀갔다는

젖배 부른 하늘이 잠시 조는 사이
구름 몇 낱 슬쩍 젖무덤 만지다가 가도
민망하지 않은
곰 같은 산이 있다

* 진해시 자은동 뒷산으로 정상에 곰메바위, 시루바위라고 불리는 거대한 바위가 젖꼭지처럼 솟아 있다.

밤꽃 비린 날

소만을 겨우 지난 대암산 자락
늙은 달은 반눈 뜨고 보고 있지요
장복산 능선이 몽글몽글
드러누워 손짓하지요
그리 야단맞으면서도 절로 밤마실 나서게 되던
스무남은 살 때의 봄밤처럼
때 맞추어 핀 밤꽃 비린내
오감을 간질이지요
뻐꾸기소리 꾸득꾸득 익어 가는 밤
까무락 까무락
동네 불빛은 멀지요

감나무에 기대어

굽은 오선보에
음표처럼 달려
톡톡 치면
맑은 소리 낼 것 같은

과즙 넘실 흘러가는 가을 강변
저문 길 밝히려
야윈 가지손들이 치성으로 들고 있는
꽃등들

여름에 들다

꽃창포 맨발 담근
오월 우포는
가릴 게 너무 많아
새벽 아침 경계가 없다

푸른 줄기창날로 밤을 둘러 세웠지만
안개섶 비집고 풀려나온
노란 옷깃

저 욕정을 어쩌랴

봄눈, 녹았다

간밤
누이는 얼굴 가득
하얗게 팩을 했다

피부에 물기가 스며들어
촉촉해질 거라 했다

밤새 뒤척이며
누이도 꽃꿈을 꾸었을까

팩을 벗은 아침
누이의 얼굴에 생기가 돌았다

봄눈 녹여낸 천주산 봉우리가
봉그슴한 젖가슴처럼
탱글탱글해졌다

복사꽃이 피었다

너 하나가
사월의 온 집안을
환하게 하는구나

밤새 받은 사랑
얼굴 가득 머금고 있는
새색시 같은

가을에 들다

바람이 일 때마다
눈길이 바쁘다

턱 괴고 앉아
빼꼼빼꼼 치받아 보고 재잘거리는
계집아이들같이

달개비 자줏빛 날갯짓에
연분홍 낮빛으로도 물드는

하얀 이질풀꽃

제2부

낮달로 그려내는 풍경

사발과 나사못

깨진 사발과 나사못 하나
냇가에 버려져 있습니다

맛난 것 차려 내던 사발에는
물이 담겨 찰방거리는데
한때 자신의 몸을 돌려
남남을 서로 묶어 주던 나사못은
녹이 슬어 있습니다

아름다울 때 떠나거나
끝내 자신을 소진하거나
함께 운명 지어진 모든 것들과 부딪히며
왔던 길 되돌아가게 되지만

담을 수는 있지만 더 이상 사발이 아닌 것과
돌려 이을 수는 없지만 아직 나사못인 것이
깨어져 얻은 자유와

제 몸보다 더 부풀려진 구속이 되어
오월 햇살에 반짝입니다

낮달

깍짓손 팔베개에
가을이 아늑하다

밀물로 깊어진
하늘바다

벗어 가난한 힘으로 떠서
평형으로 헤엄쳐 건너가는 저
하늘새

가벼운 날갯짓에
물결 하나 일지 않고

구름섬 몇 떠서 보금자리 차려내어도
단호히 비켜 가는
흰 기러기 한 마리

만어사에서

얼마나 다졌기에
저리 당당한 소리를 낼까

저렇듯 둥글어지기까지
얼마나 구르며
깨지기를 거듭했을까

바닥으로 낮아져 본 이들만이 알 수 있는
내공의 솟음으로

가야 천년의 불심을 울리며
고해苦海를 헤치고 가는
검은 고래 떼

초발심

개미 한 마리
유월의 볕에 소신공양한
잎벌레를 물고
뒷걸음질로 옮겨 가고 있다

그저 얻은 것에 대한
정중함이
눈부시다

몸살이 났다

어지간히 쓰고 나면 한번씩 점검해 볼 일이긴 하지만 별 탈도 아닌데 지레 감지기가 돌아 내장된 기능을 작동시키고 있다 하들하들 진저리치면서 씻고 뚫고 닦기를 다부지게 하고 있다 다분히 기계적인 너무나 완벽한 지금은 자동세척모드 작동 중

가을에는 모든게 짝을 이룬다

세상은 이렇게 도는 거라고
바람개비가 동그라미를 날려 대자
코스모스가 건들건들 가위표시 하며 시비를 겁니다
도는 것은 모두 가짜라고
흔들리며 지치는 것만이 진짜라고
바람개비 한껏 얼굴 부풀리며
날개 모양 흉내 내고 있는 코스모스를 다시 비꼽니다

호들호들 티격태격 하다가 시들해지다가
그래도 바람개비가 졸다 깰 양이면
코스모스 흐릿하게 기대고 서 있다
깜빡 환해지는
속정 든 동행

사랑을 끝내기에 볕은 기울고
가을강 깊어 가는데
함께 갈 길 저만치까지라도
바람개비 배웅할 양이지만

코스모스 목울대는 자꾸 빠지고
밀잠자리 홀레짓에 수태꿈 바늘홀씨로 서는
구월 끝자락

돌면서 흔들리면서
착해지는 텃밭

약진하는 아침

일간지 운세 활자처럼
까만 오늘 하루는 또
얼마나 많은 고개를 넘어야 될까 짐작하면서
떡 하나 주면 안 잡아먹을 것 같은
동화 속 호랑이를 생각해 보면서

떡 떡 반복해서 말하다 보면
더러는 오기도 생기는 것 같으면서
빻고 으깨더라도 대들지 않고
거침없이 보드랍게 흐르리라
짓누르고 메를 치더라도
끈기 좋게 뭉쳐서 붙어 보리라
심지를 고누면서

이만치 하루 품의 작은 떡이라도 어디냐며
나날이 부품해지는 나를 가동거려
든든하게 마음 바투잡아 나서는

참 깜냥 없는
출근길

미루나무 한 그루 서 있는 초가을 저녁

새 한 마리 없고
구름 한 점 없고
둘러 휜 나루터 가는 방천길에
그림자 한 자락도 없고
그 쏟아질 듯 많던 별 한 조각 없이
백동전 같은 달 하나
슬쩍 비켜 걸어 놓고
낙동강가 바람굽이길 위에 몸 세워
한 가지 색만으로
허공에 추상화를 그려내고 있는
붓 한 자루

춘곤증에 젖다

시 안에 내가 없고
내 안에도 시가 없다

피우지는 못했지만
바람 자는 봄날
꽃잎처럼 마음 한번 던지고 싶은데

뻐꾸기 소리
고들빼기 이파리처럼 늘어지는
대낮

없는 시를 더듬고 있는 동안
벌레 먹히는 잎처럼 몸은
투미하게 뜯겨 나가고
들리는 듯 아닌 듯 고였다 흘러가는
불모산사 범종 소리

기진한 봄볕에
장다리 고투리 불심으로 여물어 가는 소리

바람 잎 내리는 소리에

시월 우포 동이 터
노랑어리연밭 아래
각시붕어
귀가 밝다

독기 풀린 꽃창포 애기부들
숨결같이 어진
안개이부자리

모두 계절을 건너 돌아앉는데
꿈결인 듯
행간에 엎드려 있는
쪽배 하나

떡잎에 대한 상상

땅속에 흩심을 박은 놈들은
하늘을 두 손으로 받들며 자라고
갈퀴손으로 널따랗게 땅을 움켜쥔 놈들은
겁 없이 하늘 향해 외날을 세우지요
더러 큰 키가 다리를 힘겹게 할 수 있다고
든든한 뱃심이 생각을 지나치게 키울 수 있다고
너그러운 이들은 내심 대못 하나 키우고
덤비는 이들은
흔들리지 않게 단단히 묶어야 된다고
직립의 소신들을 키워 가지만
언젠가 같은 높이에서 될성부르게
나란히 누울 것들이지요

체면치레

얼굴 깎인다는 것은
겉치레 벗고
본모습으로 돌아간다는 것이다

보태고 쌓기보다는
깎이고 닳을 대로 닳아
웃는 듯 아닌 듯
그게 견성見性의 다른 이름이라고
창원 삼정자동 마애불
바윗덩이 그대로
눈 코 귀가 되었다

나를 떠난 나를 듣고 보려
천년을 문질러
그리된 것이다

낙엽

악수 소리
박수 소리
어루고
덮고 다독이며
왔던 길로 자물려 가는
빈손들

한로寒露

우포의 푸른 노기가 꺾였다

높이 날던 고추잠자리도
사람을 두려워하지 않는다

아직 잎을 달고 있는 벽오동은
단조를 타고

갯비린내로 버물어내는 늪의 만찬에
먼 산 단풍 건너다보던
왜가리
눈길 젖는다

얘기 좀 들어주세요

나무는 제 할 말 껍질에 새기지요
맨살 위에 낱낱이 속내를 적어
몸 둘러 치장을 하지요

창원 성주동 아파트 숲 길가
반에 반 평 제 땅 분양 받은 이팝나무 가로수들

배부르게 먹는 걸 전혀 바라지 않는 숲 속 사람들 앞에서
밥톨 송송한 꽃술 고봉으로 이고 서서는

무슨 딱한 사정 그리 많은지
거푸거푸 옷을 벗어내고 있지요

직립, 그 변덕

산청 지리산 자락 소나무 소사나무 팽나무 단풍나무가 잘리고 비틀려 피고 지는 순리를 잊은 채 숨부지하고 있는 분재 전시장에 대학생쯤 되어 보이는 젊은이들이 구경을 합니다 어쩜 어쩜 저렇게 예쁘게 잘 자랐을까 몸을 비뚜름하게 세운 채 팔다리를 별의별 꼴로 비틀면서 찰깍찰깍 연신 사진을 찍습니다 해가 비뚜름하게 넘어가면서 남겨 놓고 간 볕 몇 낱으로 허기진 시간에 처지거나 꼬여 있는 것들이 세상을 예쁘게 만든다면서 나무들보다도 더 비뚜름하게 떠들고 있습니다

이것 보세요 잠시라도 그냥 두면 이렇게 마구 가지가 자라 버린다니까요

찰깍
잘리는
삐딱한 직립의 꿈

관룡사 선방

빈방에
부재중인
사람 찾는 소리 가득하다

소리 내어 불러 보면
여 · 보 · 세 · 요
헛말만 무성하다

내게 걸려 넘어진 뒤
나를 떠난
나를 찾는 소리도 섞여 있다

비린내가 우리를 숙성시킨다

내가 다른 무엇으로 변해 가는 자리에는
할 얘기들이 열정으로 남아
비린내가 된다
날 세운 피비린내가 그렇거니와
영육이 갈리는 속에서
비린내로 존재를 알리는 생선도
파 들추면 나는 흙비린내도
켜켜이 달게 받아 쟁여 온 순결한 생채기 냄새다
굽이굽이 몸부림치며 스스로를 메치며
물도 비린내로 소신을 말한다
잎줄기가 뿌리를 떠날 때 토해내는 시퍼런 풀비린내도
열매가 익어 가기 전에 나는 풋내도
자신을 나누어 가는 내공의 비린내다

걸음마를 위해 가동질하는 어린아이에게서
송알송알 묻어나는 저
젖비린내

성에꽃

빛이 어딘가에 담겨
남아날 때처럼
사람의 향기도
누군가의 가슴을 채운 뒤
반짝인다는 것을
다른 이를 사랑해 본 사람들은
안다
곱게 빛나는 것일수록
혼신으로 깊어진 상처가 있다는 것을

빛을 좇는 이는
빛을 담아내지 못한다며
길들여진 쪽과 거친 쪽의 사이에
반투명하게 자리하여
갈등의 힘으로 피어난
저
인동의 꽃

경계에 길이 난다

나무나 풀도 서로 닿으면 다투게 되고
그 상처는 길이 된다

사람과 사람
생각과 생각끼리도
서로 경계하는 사이에는
길이 생긴다

경계가 심할수록 큰 길이 나고
적을수록 좁은 길이 된다

높고 낮은 경계를 타고
물이 길을 만들 듯
세상의 모든 경계 속에서
닿을 곳 알 수 없는 나도
길이다

나무 기르는 법

나무가 괜히 제 그림자를 더듬는 것이 아니다
서로 그립지 않을 만치 멀리
서로 상처 주지 않을 만치 가까이
과분하게도 쪼들리게도 하지 말고
위로 치닫던 옆으로 널브러지던
얽어매면 피할 궁리 하는 법
품으려 하지 말고
다만 뻗으면 닿을 수 있을 만큼의 거리에
그냥 놓아두어
나란 나란
아이 키우듯

가을, 짧은

어줍잖은 만남일지라도
목 메고 몸 지는 일일지라도
좀 그립다가 왔으면 좋았을걸

마음끈을 채기도 전에
주인공이 떠나고

그늘 없는 뙤약볕 아래
바람을 기다리다 지친 조역들
아무 질량감 없이
무심무심 무대를 내려가고

박수 소리
빈 객석에 구르고

단막 무대 닫히면서 내걸리는
입동

매듭

우리 생인들 다르랴
돋움발 서도 앞이 보이지 않거나 잘못 든
길위에서
오늘을 질끈 묶어 이력을 만들듯이
상처도 용서로 엮으면 꽃이 되고
외로움도 빛 받으면 시가 되는 법을
비틀려 꼬이면서 튼실하게 보여주는
아름다운 저 모순의 힘

하늘 맑은 날

도심의 늪 깊어도
물수제비 하나 뜰 수 없어
대암산 그늘에 자맥질하고 있던 아이들이
산을 향해
팔매질을 하고 있다

냇물에 씻기는 지빠귀 소리
솔숲에 고여 있던 아카시아 향내가
겨냥하고 던진 돌에 직방으로 맞아
물파동 위로 햇살이 파닥인다

재고 자른 산복도로 귀퉁이에서
스스로 과녁이 되기 위해
꿈을 던지는 아이들

자벌레

한 마리
웃옷 명치 부근에 붙어
기어가고 있다

무량한 세상
언제 다 재겠냐고
웃지 마라

네 가슴은 몇 뼘이냐

너덜지대 · 1

어릴 적 어머니는
문지방을 밟고 넘지 마라 하셨다
걸터앉거나 베고 눕는 것도 말리셨다
안도 밖도 아니라서
머물 곳 못 된다 하셨다

아버지께서도
금 밟고 이러저리 재는 것은
깨끗이 지는 것만 못하다 하셨다

안이고 싶지도
바깥이고 싶지도 않은
턱도 없는 세상에서
나 스스로 어느새 경계가 되고 있다

너덜지대 · 2

팔 다리 머리 몸통
제각각이다
홍정의 칼날 번득이는 경계에 서서
눈 깜박일 사이도 없이
자동차 불빛으로 허기를 채우면서
가끔은 발가벗겨지기도 하면서
나를 사랑하기가 버거워서
어깨가 조금 처지기도 하는
할인매장의 마네킹 같은
사십대

번개는 없다

비릿한 갯내음이 난장을 펴고
펄떡거리는
광어 뽈라구 메가리 까주메기
먹갈치 상자 소금 배어드는 소리
끼룩끼룩 새우젓 익는 소리
동이 틀까
게거품 일 듯
부룩부룩 마음 게는 소리
비좁은 골목 뒤적이며
간간하게 어묵 국물 우러나는 소리
섬광도 벼락도 없는데 소리들
서로 짓밟고 부딪히고 뒤섞여 쓰러지고 일어서는
번개시장 어물전

가을강에 빠지다

잎맥에서
곰실곰실 흐른 자국을 본다
손바닥 운명선 같은

한 뜸 한 뜸 만들어낸
저 밝은 요령으로
시간을 밟고 가면서

세상의 모든 서정을 끌어안고 흐르는
도도한 여울
낙엽

내가 나의 길인것을

지독하게 사랑을 해 본 이들은
안다
그리운 것들끼리는 언젠가 만난다는 걸
왜 가야 하는지 아는 사람은
안다
더디게 돌아가는 길도 지겹지 않다는 걸

길은 흐름이다
흐르면서 길을 낸다
모든 일이 우리에게 대가를 요구하듯이
새 길은 험하고 외롭지만
길을 찾다가 고이면서 다시 풀려 흐르면서
스스로 깊어지고 넓어져 가면서 흐름은
소리 없이도 뜻이 되는 곳에 닿기 위한 몸짓이라는 걸
안다

늘 마지막이고 처음이다 지금은
두려워 말자

밤은 단지 어제와 오늘을 잇는

길일 뿐이다

선거철

맨땅을 기던 잡넝쿨들이
나무를 무둥타고 올라서
제 세상인 양 거들먹거리는
오뉴월 한철

제3부

슬프고 기쁜 혹은 우울한

경계를 보다

나와 나 아닌 것
이 세상 모든 것이 다 그렇지만
맞닿더라도 다치지 않는 것은
서로 사이를 가지고 있기 때문이지요

어머니 늘 정갈하셔서
김매기 모내기 들일 끝에도
대청마루 먼지 쌓이는 일 없었지요
콩타작 보리타작 마당 담장 밑에도
채송화 봉숭아 백년초를 키웠거든요

어머니 몸 못 가누는 육 년 고행 중에도
몰랐지요
이승과 저승 사이가 사람마다 다르다는 걸

희미하게 자리하시고는
일체의 유혹을 견디려 눈 감으신 채
손짓 한 번 않으시고

다섯 달 보름 동안
이승과 저승의 경계를 무너뜨리며
스스로 지고 갈 짐 죄다 사르시고
자식들 어지럽혀 놓은 업業까지 닦고 가느라
그리 저승길 더디셨지요

경계가 넓으면 더 맑을 수 있다는 것을
가시는 날 비로소 보았지요

마흔아흐레 막젯날
이승의 길 위에 어머니 벗어 놓고 간 짐이라야
흰 눈 몇 낱으로도
금방 감추어졌지요

코피가 터졌다

어머니 가시고 난 빈자리에 앉으면
시詩가 보일 것 같았는데

나는 너무 작아

묵묵한 저녁답의 넓이를 재며
부풀다가 부풀다가

형상기억

어머니 다섯 달 동안 계시던 병원 쪽으로
무심코 차를 몰고 가다가

간병용 침대가 놓여 있던 서재를
일없이 열고 들여다보다가

어머니 가시고
이젠 기다리지 않는데

세상과 어머니 사이에 어색하게
자꾸만 놓이게 되는

이 탄력 있는

고무신 한 켤레

팔십 평생의 업을 딛고 와서
날개를 접고
나붓이 이승의 마지막을 쉬는
모시흰나비 같은

갈싸리 광주리에 참 이고 넘던
보릿고개
생각할까
그 길가에서 노랗게 흐드러지던
씀바귀꽃 더미

가운데 바른 가르마 타서 쪽을 진
어머니처럼
오똑하게 코를 세우고서는

청보리밭 스치는 솔바람이랑
밤꽃 향기 허벅지게 담고
다시 갈 수 없는

진골 야시고개 성사고개
다박다박 넘던 닷새 장날 생각할까

스톱홀*

내보내기만 할 뿐
다시 돌이킬 수 없는
빈 벌레집 같은
고여 부푸는 힘에 넘어질까 봐
옹벽에 낸
구멍들

작은 혼내림에도 그땐 어찌 그리 쉬이 눈물지던지
다 커서까지
단디해라
는 말씀이 왜 그리 가슴에 잘 담기지 않던지

좋은 데로
언젠가 갈 길 편히 가셨을 거라고
어머니 가신 뒤
마음 벽에 뚫은
구멍들

장마 질 것 같던 생각이 말라

겨울바람만 숭숭한

저

* 벽의 균열을 막기 위해 뚫어 놓은 물구멍.

따로국밥 같은

누가 누구에게로 보태지는 것을 경계하면서도
이내 하나로 풀려 섞일 듯 잘 접히는
맞선 자리의 그들 같은

들이붓듯 단번에 세상의 시간을 마는 이에게도
끝내 까탈스런 이에게도
성미대로 두루 공평한

따로이면서 하나인
열린 세상

밥알 같고 국물 같았지만
풀기 있게 넉넉하게
참 잘 어울려 한평생을 살다 가신
아버지 어머니

어머니의 맨발

빗소리 듣다가
고구마 모종 심던 누릿한 기억 살아나 괜히 마음이 바빠진다

모내기철이라도 초여름 비 내리면 새벽같이 온 식구들 일어나 종자고구마 줄기를 걷어다 두어 마디씩 자르고
소쿠리 바지게로 이고 져 날라 밭이랑에 옮겨 심었다

햇볕 들면 새색시처럼 고개 가누지 못하던 그 잎줄기들
아프고 서럽던 시간도 힘이 되고 정이 돌아
삼복에도 오지게 알뿌리 내렸다

호미질이 어설픈 데다 지겨워 엉덩이를 치켜들고 밭이랑을 후다닥 긁고 가면 어머니는 밭고랑 낮게 엎드려 일하시다 김매고 북돋운 밭이랑처럼 말갛게 웃으셨다

밭흙 같던 고구마 알뿌리 같던
이머니 맨발

몸을 돌려 누이자 빗소리는 커지고
그 살진 밭에 오늘도 고구마 줄기 뻗어가고 있을까
어머니 가슴께로 손이 가듯
다시 쉬엄쉬엄 뿌리내리는
휴일 아침잠

산수유

봄꽃들이 소복하게 모여 피는 이유는
저들에게 주어진 절기가 너무 좁고
쓸쓸하기 때문이다

가끔 눈을 쓰고 태연할 수 있는 것도
서로서로 기대고 있기 때문이다

한생 굽이 늘어진
비탈밭둑에서
젖먹이 조막손 펴듯
자그르르 웃듯

생오줌 색깔 같은
이월밥 올리는 어머니
노란 봄 기억 같은
섬꽃

첫서리 내린 날

아버지 어머니 산소 받들고 있는
감나무밭에
까막까치 한 마리 앉아
마지막 남은 까치밥을
콕콕
쪼다 갑니다

야윈 발로 쥐었다 놓고 간 나뭇가지가
한동안 따뜻해서
저문 하늘 보듬고 있는 들녘에
감물이
달달하게 배어 번집니다

사월 보름

봄꽃 소신공양에
찔레순 목을 빼고
장다리 꽃대 꼬투리 탱글탱글
가래톳같이 부푸는 날

동생 데려간 삼 년 뒤
내 아이 보내 준
무너짐과 돋아남의 경계를 오지게 물고 있는
붉은 장미꽃 같은 네가
아직 내 안에 있다는 것이

슬프고
기쁘다

생일

병아리가 중닭으로 커 갈 무렵 씨암탉은 귀한 손님 상차림에 올랐다

어미 닭이 그리운 해 질 녘 쓸쓸함을 비비대며 그 새끼들 동그라니 모여 오래도록 날개깃에 목을 묻었다

어머니는 늘 우리를 '내 새끼들' 이라고 불렀다

우리가 병아리이기를 원하건 아니건 그저 생의 굳은 땅을 발톱이 닳도록 할퀴어 숨어 있는 것들을 들추어 내어 보여 주기도 하고 여문 것은 부리가 깨지도록 쪼아 잘게 나누어 주기도 하였다

어머니께서 우리들의 먹을거리를 왜 '모이' 라고 불렀는지 그때는 몰랐다 종종 걸음으로 따라다니며 그저 감사하게 가지면서도

어머니 바람병으로 쓰러진 사 년 뒤 맞은 팔순 날,

이제는 먹지도 못하는 모이들을 차려놓고 기념사진을
찍었다

어머니 빠진 그 저녁나절의 쓸쓸함을 배경으로

서릿발

하늘의 무게를 아는 이들은 허리가 굽어 있다며
보기 좋게 몸 비튼
산소 옆 늙은 소나무 하나

세월의 바람받이에 서서
심금을 팽팽하게 당기고 있다

달리 살리라 하셨지만
할아버지처럼 땅을 파고 살다
끝내 땅이 되신
아버지

사래 긴 밭고랑
자죽자죽 묻어 놓은 낮은 행간
이불속 등 너머로 들려주던 얘기처럼 오롯이 돋는
땅소름

달무리지다

아버지 산소 옆 어머니 가묘 같은
메밥 지어 십 년째 올리면서도
아버지 저승살이 외로우실까
생각하지 못했습니다

살아 계실 때도
독상 받으실 때가 많았기 때문일까
생각해 봅니다만
아무래도 몸져누워 계시는
어머니 때문인 것 같습니다

별소리를
하시면서 툴툴 터실 것 같습니다만
차린 음식 드시는 동안
아직도 아버지 그릇 안에서 풀리지 못하고 있는
자식들 생각에
병상에서 홀로 밥상 받으신 어머니는
음복 대신 눈시울에 물밥을 짓습니다

남편과 자식들 사이에 떠 있는
낮달 같은
어머니

민달팽이

민달팽이 한 마리
기어가고 있다
소나기 그치고
내리꽂히는 바늘햇살
등줄기로 받으며

집도 없이
홀로 기어가고 있다

구팔년도 아이엠에프 때
탈탈 털린 내 동생

세상 따갑게
조심조심
기어가고 있다

모교에 대하여

예수께서 모든 고통 대신 지고 십자가에 못 박혀 가셨듯이
우리 어머니 넉 달 보름 동안
자식들 죄 갚음 대신 하느라
말도 못하는 벌을 서다 가셨지요
석가모니 득도하려 칠 년간 고행하셨다는데
우리 어머니 스물하루 모자라는 육 년간 고행으로
자식 사랑 깨닫게 하셨지요
키운 고생은 제쳐 두고서라도
십일조 같은 것도 시주도 바라지 않는
교리도 없이
겨우 고향집이나 텃밭이나 부엌이나 제사상 같은
시시콜콜한 곳에나 나리시는

망종 무렵

쥐똥나무 꽃향내는 늦봄 냄새
밤꽃향내 지릿하던 할머니 냄새

눈물처럼 천장에 번져 있던
쥐오줌 자국

봄여름 살에서 시금털털하던
풋보리떡 냄새

사래 긴 쉰고개에서 바라보는
누부실* 골짜기

* '소가 누워있는 모양'을 뜻하는 필자의 선산이 있는 고향의 골짜기 이름

새해 아침

적멸의 시간 주름살 깊은 고랑으로 저며도
재야의 높고 긴 태백준령을 부지런히 넘어온
착한 햇살이야
긴 팔로 언 땅 억세게 움켜쥐고
짙푸른 물빛으로 꾀벗은 아버지

빈 듯 가득한 듯
번잡한 듯 적막한 듯
강렬하고도 천천히
새해가 밝아 와서

소리 없는 기도로 꿈이 이랑져도
성한 데 없이 지친 뭇것들 안아 들여 아슴아슴 깊어진
타는 산빛 출렁이는
남해바다
품 너른 어머니

제4부

생과 멸의 사이, 날을 세우다

독

독을 품고 사네
여차하면 훌훌 나를 산화시켜 날려 버릴
겁나는 독을 품고 사네
나를 장악하려 호시탐탐 기회를 노리지만
독을 경계하고 아우르고 다독이면서
더불어 독해지네
독에 주저앉으려는 나를 독이 일으켜 세우네
독이 독과 친해지면서
독을 푸네

낙숫물 소리

잠시 조는 사이 누군가
몸을 바꾸어 갔구나
신발 바꾸어 신고 가듯
왜 어떻게 어디로 언제 가는지
깍지팔로 누인 몸에는 생각이 싹에 싹을 틔우고
생과 멸의 사이에 우두커니 놓이는 저녁답의 처마를 타고
뚝뚝 녹아 떨어지는 물음들

입맛을 다시면서 고독과 절망을 배설하면서
내 속에 기생하면서 나를 야금야금 먹고 있는
가렵고 욕된
너는 누구냐

잠시 나에게서 나와 앉아 보는 동안
빗물의 수심 깊어지고
늘 나를 보고 있던 것들까지 자꾸 낯설어지는데

살며시 안기는 남루한 내가
오늘 왜 이리 따뜻한지

낯선 새벽

기도문 한 줄 깃들 데도 없는
화장기 지운 서울의 새벽 두시
빈 거리 가무레한 적막처럼
체감에 날이 선 육신을 마구잡이로 쪼아 대는
잠입자들

본 주사액 투여 시 성욕이 떨어질 수 있습니다

서명지 활자는 자꾸 도드라지고
썰물진 대학로 낡은 호텔 옆방은
교성이 엇갈리는 마무리 호작질로 분주한데
마른 풀처럼 누인 아랫도리 아슴아슴
꿈틀댄 듯 아닌 듯

집

오래된 집도 아닌데 리모델링해야 한다고 합니다
서까래도 손질하고 이엉도 다시 올려야 한다고 합니다
기둥에 꿋꿋하게 내가 키운 옹이 때문에
집이 허물어질 수 있다고 합니다
고달픈 알몸을
더러워도 냄새가 나도 언제나 편안히 안아 누이던
나의 집을 내가 허물려고 흔들어 제키고 있다 합니다
적어도 삐걱거리면서까지 버티지 말고
곱게 낡고 삭아 흩뿌려지길 바랐는데 나는
추락하는 꿈도 성장통이라 여기면서
무너져 가는 나의 집을 버팅기기 위해
밤을 새우며 뼈를 깎고 있습니다

하행열차

달포간 방사선 맞아 침 한 방울 고이지 않는
입을 굳게 닫고
KTX 타고 서울서 밀양으로 내려오는 영동쯤
빗속 칼부림에
어둠마저 찢겨 너덜거리는 저녁 여덟시

슬프고 그리운 시간들이 무거워 고개 꺾은 가로등
불빛에 묶여 스쳐 지나가는 허무의 시간들

아직은 꽃도 별도 들풀마저 아닌데
이생의 빚 너무 버거운데
전생의 업보로도 설명되지 않는 이 일이야
육신 구석구석 불안처럼 스며 있는
사랑아 너희들도 젖고 있느냐

머릿속으로 자꾸 번개가 내질리고
덜커덩 덜커덩거리며
나는 계속 가야 한다 애걸하며

차창을 수없이 할퀴다 가는 손톱들

탈속하듯
나를 포박한 채
젖으며 젖으며 절뚝절뚝 내달리는

고생받기놀이

내가 나와 가까워지려 길을 내고 있네
이래도 이래도 항복 안 할래
졌다 해라 졌다 해라
너무 아파 눈물을 찔끔찔끔거리면서도 졌다 소리를 참던
어릴 적 고생받기보다 몇십 배는 더 지독한 놀음
그저 아무 생각 없이 길을 잘못 따라간 것뿐인데
이질감으로 속은 느멀거려도
이제는 좋든 싫든 함께 가야 하는 길동무
찌르고 조를 때마다
두들겨 팰수록 질겨지는 면발처럼
고통 끝에 매달리는 이 황홀한
화해

섬

설움이 목까지 차올랐다 휑하니 빠져나가기가
하루에도 몇 차례
막막한 도심의 바다에 갇혀
웅크리고 앉아 있는
섬 하나
내가 두려운 것은 되질하는 파도가 아니라
뭍에서 떨어져 홀로 있다는 것
해조음 하나 없는 고뇌의 바다
작은 물소리에도 수심은 깊어지고
별빛 하나 찾지 않는 겨울바다
방파제를 허물어뜨리던 아픈 시간들도
더불어 살면서 가질 수 있는 행복이었다고
시퍼런 파도를 곁에 둔
외딴섬이 되어 보면서 안다

그림자를 보다

가로등이 켜지길 기다리며
저물녘 16층 아파트 베란다에 앉으면
혈액 순환에 좋다고 하루에 열서너 알씩 까먹는 은행처럼
입 안에서 살강거리는 적막
나의 그림자가 이렇게 어둑질 줄이야
작은 냄새 하나에도 온몸이 코가 되고
작은 소리 하나에도 온몸이 귀가 되는
이 선명한 경계
육신으로부터 일상으로부터 세상의 틀로부터
늘 벗어나고 싶던 내가 나를
이제는 처절하게도 들여앉히려 하는
이 저릅대같이 마른 사랑아

마른 나목으로 서서

이승에서 내가 두르고 있는 나라는 옷아
미안하다
마지막 벗는 날까지 정갈하게 입어야 하는데 벌써
헤지고 터지는 줄도 모르고 막 입어
미안하다
망가진 까닭 알 수 없어 더욱 미안하다
마음먹으면 훌훌 벗을 수 있을 것 같기도 한
전생으로부터 넘겨받은 옷아
어머니 두텁게 입고 있다
가시는 길 더디고 힘들게 한 옷아
염치없지만
쉽게 벗고 갈 수 있게 헐겁게 입더라도
이해해다오 옷아

머리가 홀랑 빠졌다

내 몸이라고 내 맘대로 챙길 수 있는 게 아니었다
내 몸이라고 내 맘대로 버릴 수 있는 것도 아니었다
지금까지 수없이 쌓아온 잡념을 버리라며 머리가 조여 왔다
현혹되어 온 모든 것 제대로 보라고 눈이 초롱초롱해졌다
들어온 불필요한 것들 제대로 들으라고 청감이 몇 단계 높아졌다
내 마음대로 행해 왔던 의식세계가
얼마나 다양한지 제대로 알라고
눈 감으면 수많은 영상들이 겹쳐서 다가왔다
낮과 밤 잠듦과 깨어 있음의 경계에 모호하게 세워놓고는
진지하게 밤을 새며 스스로를 돌아본 적 있느냐고
채찍을 들이댔다
결국 나는 내 스스로 만들어낸 적에게 굴복당할 뻔한 죄로
여섯 달 동안 모진 추단을 받았다

내가 나와 화해하기 위해
나의 모든 소유를 포기하고 나서야 비로소
남의 일 같은 마법이 풀렸다

전갈이 되려고

스트레스 받으면 재발할 수 있다 해도
풍으로 반신불수 되었다 쳐라 해도
위나 폐에 생겼으면 얼마나 고통이 심할 거냐고
시들다가 가족까지 오래도록 힘들게 하는
이름도 모르는 병이라 쳐라 해도
몇 년이고 까까머리로 일상의 고통을 견뎌내고 있는
소아병동 아이들을 보면
차라리 미안하고 사치스러운 것이 아니냐고 하지만
반 평 병상에 오그리고 누워서
내가 쥐고 있는 시간이 얼마만큼인지
한입 탁 털어 넣고 나면 그만일 것 같은
남은 시간들을 넘겨 헤아리면서
한낮 사막의 바위그늘 아래 몸뚱어리를 숨기고 있는
전갈을 생각하면서
나는
독기 어린 꼬리를 치켜든다

내가 없어졌다

물안개 막을 두른
식은 오후
거들먹거리다가 뭉그적거리다가 번번이 때를 놓친
시근머리 없는 나 같은
늦은 봄비에 하릴없이 나를 적시다가
젖은 속을 양파 껍질처럼 자꾸 까보다가
보물인 양 꼬깃꼬깃 숨겨 두고 있던
버릴 것도 보관해 두어야 할 가치도 없는 것들을
허접하게 보다가
비 맞은 바람 맛이 하도 밍밍해서
짭짤이 토마토 몇 조각을 씹다가
비 그쳐 수습하려는데
나는 이미 눅눅하니 행간에 번져 있고

금실

비가 오이깨네 만사가 서그푸네
야 덕수야
서울에는 지금 비가 많이 오는데 청도는 어떠노
고추푸대는 잘 덮었나
엄마 아빠 없을 때 너들끼리 알아서 잘 챙겨라 에이
농사를 짓는 둥 마는 둥 해도 참
아저씨는 어데가 안 좋아 왔는교
대부분 착한 사람덜이 모진 병에 많이 들데요
오만 걸 참고 견디서 병이 된기라 카더만요
근데 전생에 업인가 카는 생각도 한두 번은 해 봤지요
암만캐싸도 마누라뿐이지요
신랑 따라서 아래 댕기쌌는데
응급치료 받을 때는 이주 만에 백오십만 원쓱 백오십만 원쓱
싸다 바쳤는데
농사지어서야 참 어렵지요
그래도 살려만 주면 감사하겠다 생각했지요
한 일 년 병원 댕기니까 영수증이

한 가방이데요

돈으로 치만 두세 가방 되겠지요

재수가 좋았지요

저승 한 번 갔다 온 뒤로 이제는 아무 겁도 안나 부러요
지방 병원에서 급성이라 하더만요
일주일만 늦었으면 바리 죽었지요
별거 아닌 줄 알았는데 순경 빽도 대단하더만요
병원 요 앞에 근무하는 동네 후배 덕에
사흘 만에 입원해서 수술했네요
오늘이 마지막 치료 날이네요
여덟 달 동안 왔다 갔다 했네요
수술하고 실밥 뽑고 나니까 바로 퇴원시키데요
당신은 살아났응께 죽어 가는 다른 사람 살려내야 하지 않겠냐꼬
정말 양심적이데요
그노무 여천에서 서울까지 치료받으로 올라모 한 열 시간 걸리네요
금식하고 와설랑은 검사하면 당일날은 못 내려가고
담날 내려갔지요
재수가 없어 병에 걸렸다가 재수로 살아났지요

치료 날 받아놓고 죽는 사람 얼매나 많겠어요
수술 일자는 멀지 첨에는 나도
확 약 먹고 죽어 삐리고 싶더라고요

음덕

아이고 김서방 고맙네
고맙네 이렇게 살아 건강해서 고맙네
얼매나 힘들었노
자도 잔 거 겄나 묵어도 묵은 거 겄나
우짜다가 이리됐는지
억울코 원통터마는
춤이라도 치고 싶네
지난번 집에 김장하러 갔을 때
마루에 얼렁퍼떡 소 두 마리가 다니는 걸 봤네
소는 조상이거덩
사돈 내외가 김서방을 돌보고 있구나
생각이 들더구만

나무처럼

이제는 내 무게를 견딜 만큼 몸통을 줄이려 하네
물 길어 올리듯 자양분 내리듯
작달막한 그림자 곁에 두고
별이 낮은 곳에 귀를 두려 하네
씨앗이 눈을 틔우듯
길을 더듬고
맨몸으로 하늘을 받들다가
새 한 마리라도 보듬을 수 있다면
된바람에 여위어 가도 좋겠네

깊은 생명 사랑의 시학

― 김일태의 최근 시 읽기

이 가 림

(시인 · 인하대 프랑스 문화 전공 교수)

「천국과 지옥의 결혼」이란 유명한 시를 남긴 영국 낭만주의의 대표적 시인 윌리엄 블레이크는 일찍이 "애정이 깃들지 않는 사고는, 육체와 정신을 분리하듯이, 사랑과 지혜를 분리시킨다"고 말한 바 있다. 그렇다. "애정이 깃들지 않은 사고"는 기본적으로 참다운 시인의 사유방식이 아니며 경멸해야 마땅할 비인간적 태도라 할 수 있다. 블레이크가 사용한 언어를 빌려 다시 말한다면, 사랑이 없는 사고는 사물을 바라보는 관찰방식에 있어 '눈을 가지고' 보는 것이지 '눈을 통하여'

보는 것이 아닌 것이다. ‘눈을 통하여’ 본다는 것은 정확히 무엇을 뜻하는 것일까? 블레이크는 한 편지에서 이렇게 말한 바 있다.

“인간은 이 세상에서 행복할 수 있다고 나는 느낍니다. 나는 이 세상이 상상력과 비전의 세계임을 알고 있기 때문입니다. 누구나 똑같이 사물을 보지는 않습니다. 구두쇠의 눈에는 한 잎의 금화가 태양보다 아름답고, 닳아 버린 돈 가방이 포도송이가 달린 넝쿨보다도 더 아름답습니다.” 그러니까 구두쇠는 ‘눈을 가지고’ 보는 자라고 할 수 있으며, 시인은 ‘눈을 통하여’ 보는 자라고 할 수 있다. 떠오르는 태양의 모습에서 한 잎의 금화를 보는 돈의 노예가 있는가 하면, 눈부신 출발과 희망의 비전을 엿보는 자유롭고 역동적인 상상력의 몽상가가 있는 것이다. 이 몽상가가 바로 ‘눈을 통하여’ 사물을 보는 자, 즉 애정이 깃든 눈길로 세계를 깊이 파악하는 시인이라 할 수 있다.

김일태 시인은 말할 것도 없이 ‘눈을 통하여’ 자연사물과 인간세상을 따스하게 바라보는 생명 긍정의 응시자다. 그의 시적 출발에서부터 세 번째 시집에 이르기까지의 도정도 그러했지만, 이번 시집 『바코드속 종이달』에서는 더욱 뜨겁게 포용하는 자세로 세상을 껴안는 ‘우주적 연민cosmic pity’ 의 시학을 짙게 보여주고 있다. 특히 제4부 ‘생과 멸의 사이, 날을 세우다’ 에 수록되어 있는 일련의 시편들은 시인 자신의 근황을 직접적으로 드러내면서 새삼스레 깨달은 인간적 진실을 절절하게 풀어놓고 있어서, 읽는 이의 눈시울을 촉촉한 물기로 젖게 한다.

오래된 집도 아닌데 리모델링해야 한다고 합니다
서까래도 손질하고 이엉도 다시 올려야 한다고 합니다
기둥에 꿋꿋하게 내가 키운 옹이 때문에
집이 허물어질 수 있다고 합니다
고달픈 알몸을
더러워도 냄새가 나도 언제나 편안히 안아 누이던
나의 집을 내가 허물려고 흔들어 제끼고 있다 합니다
적어도 삐걱거리면서까지 버티지 말고
곱게 낡고 삭아 흩뿌려지길 바랐는데 나는
추락하는 꿈도 성장통이라 여기면서
무너져 가는 나의 집을 버팅기기 위해
밤을 새우며 뼈를 깎고 있습니다

—「집」 전문

"곱게 낡고 삭아 흩뿌려지길 바랐"던 육체의 집을 오래된 것도 아닌데 리모델링하지 않으면 안 되는 어떤 심각한 사태가 시인에게 일어났음을 암시하는 이 「집」이라는 제목의 시를 통해, 우리는 김일태 시인의 근황이 예사롭지 않음을 짐작할 수 있다. 이 글을 쓰고 있는 나 역시 그의 근황을 자세히 물어보지도 않았고 또 직접 알아보지도 않은 가운데 시적 텍스트를 하나의 자족적 언어체계로 던져 놓고 읽는 것이 조금은 마음이 가벼울듯하여, 그저 담담한 심정으로 읽어 보기로 했다.

"……해야 한다고 합니다", "……한다고 합니다", "……있다 합니다" 등의 표현에서 볼 수 있듯이, 내 육체의 집을 그동안 써먹기만 하고 돌보지 않다가 어느 날 갑자기 "서까래도 손질하고 이엉도 다시 올려야" 하는 일이 발생했음을 알게 됨으로써 화자는 새삼스레 생명의 소중함을 자각하게 된다. 그리하여 자중자애의 돌봄을 소홀히 한 것을 뉘우치면서 함부로 자포자기하거나 절망에 빠져서는 안 되며 "무너져 가는 나의 집을 버팅기기 위해/ 밤을 새우며 뼈를 깎"는 노력을 기울이고자 한다. 이러한 뜨거운 자기 배려는 목숨에 대한 구차한 애착이라기보다는 자신에게 배당된 삶의 시간을 온전히 소진해야 할 실존적 책임을 끝까지 완수하려는 지극히 인간적인 태도라 할 수 있다.

그러나 느닷없이 병마에 기습당한 시인은 여느 사람들과 마찬가지로 "달포간 방사선 맞아 침 한 방울 고이지 않는/ 입을 굳게 닫고/ KTX 타고 서울서 밀양으로 내려오는 영동쯤" 어쩔 수 없이 허무의 감정에 젖을 수밖에 없었음을 이렇게 토로한다.

달포간 방사선 맞아 침 한 방울 고이지 않는
입을 굳게 닫고
KTX 타고 서울서 밀양으로 내려오는 영동쯤
빗속 칼부림에
어둠마저 찢겨 너덜거리는 저녁 여덟시

슬프고 그리운 시간들이 무거워 고개 꺾은 가로등
불빛에 묶여 스쳐 지나가는 허무의 시간들

아직 꽃도 별도 들풀마저 아닌데
이생의 빚 너무 버거운데
전생의 업보로도 설명되지 않는 이 일이야
육신 구석구석 불안처럼 스며 있는
사랑아 너희들도 젖고 있느냐

머릿속으로 자꾸 번개가 내질리고
덜커덩 덜커덩거리며
나는 계속 가야 한다 애걸하며
차창을 수없이 할퀴다 가는 손톱들

탈속하듯
나를 포박한 채
젖으며 젖으며 절뚝절뚝 내달리는

—「하행열차」 전문

"아직은 꽃도 별도 들풀마저 아닌데/ 이생의 빚 너무 버거운데", 정말 예기치 않은 일이 자신에게 일어나 버렸음을 절감하면서 시인은 슬픔과 함께 그리움에 젖어 야간열차의 유리창에 "수없이 할퀴다 가는 손톱들"을 안타까이 마주하게 된다. 하지만 이러한 회한의 감정에 언제까지나 휩싸여 있을 수만은 없다는 것을 시인은 곧바로 깨닫는다. 그리하여 "전생의 업보로도 설명되지 않는 일"이 어처구니없게 자신에게 닥쳐오고야 만 불안과 위기의 한계 속에서, 쉽사리 절망의 늪에 스스로를 내팽개칠 수 없는 독기 어린 '삶의 의지'를 이전보다 더 강렬하게 표명한다.

스트레스 받으면 재발할 수 있다 해도
풍으로 반신불수 되었다 쳐라 해도
위나 폐에 생겼으면 얼마나 고통이 심할 거냐고
시들다가 가족까지 오래도록 힘들게 하는
이름도 모르는 병이라 쳐라 해도
몇 년이고 까까머리로 일상의 고통을 견뎌내고 있는
소아병동 아이들을 보면
차라리 미안하고 사치스러운 것이 아니냐고 하지만
반 평 병상에 오그리고 누워서
내가 쥐고 있는 시간이 얼마만큼인지
한입 탁 털어 넣고 나면 그만일 것 같은
남은 시간들을 넘겨 헤아리면서
한낮 사막의 바위그늘 아래 몸뚱어리를 숨기고 있는
전갈을 생각하면서
나는
독기 어린 꼬리를 치켜든다

—「전갈이 되려고」 전문

"한낮 사막의 바위그늘 아래 몸뚱어리를 숨기고 있는/ 전갈을 생각하면서" 강렬한 '운동에의 의지'를 곧추세우는 이 같은 시인의 오기에 찬 표명은 아무리 힘든 고통이라 할지라도 그것을 돌파하고야 말겠다는 치열한 극기克己의 외침이라 할 수 있다. "몇 년이고 까까머리로 일상의 고통을 견뎌내고 있는/ 소아병동 아이들"의 힘겨운 투쟁에 비하면 "차라리 미안하고 사치스러운 것"에 불과한 투쟁에 맥없이 백기白旗를 들 수 없다는 인식을 뼈저리게 느끼는 것이다. 삶의 의지를 버린다는 것, 그것은 생명의 소중함과 존엄에 대한 인간적 예의를 저버린, 나약하기 짝이 없는 패배주의자의 비겁한 모습에 다름 아닌 것이다. 그러기에 시인은 "독기 어린 꼬리를 치켜든" 전갈보다 더 독한 존재가 되고자 한다.

독을 품고 사네
여차하면 훌훌 나를 산화시켜 날려 버릴
겁나는 독을 품고 사네
나를 장악하려 호시탐탐 기회를 노리지만
독을 경계하고 아우르고 다독이면서
더불어 독해지네
독에 주저앉으려는 나를 독이 일으켜 세우네
독이 독과 친해지면서
독을 푸네

—「독」 전문

그러나 시인은 "여차하면 훌훌 나를 산화시켜 날려 버릴/ 겁나는 독을 품고" 사는 공격적 '전갈'의 자세를 취하지 않는다. 그는 오히려 "독을 경계하고 아우르고 다독이면서/ 더불어 독해지"는 더 겸허한 자세로 순리를 받아들인다. 이는 시인이 "독에 주저앉으려는 나를 독이 일으켜 세우"는 역설적 해법, 즉 '이열치열'의 지혜를 터득한 것으로 볼 수 있다. 이러한 공격적 전갈의 자세가 아닌, 겸손한 대응자세를 취함으로써 김일태 시인은 자연스레 원래의 평상심을 되찾는다. 그는 "헤지고 터지는 줄도 모르고 막 입"은 (「마른 나목으로 서서」) 육신의 옷에게 "미안하다"고 말하면서 "맨몸으로 하늘을 받들다가/ 새 한 마리라도 보듬을 수 있"는 한 그루 여윈 나무가 되고자 한다.

이제는 내 무게를 견딜 만큼 몸통을 줄이려 하네
물 길어 올리듯 자양분 내리듯
작달막한 그림자 곁에 두고
볕이 낮은 곳에 귀를 두려 하네
씨앗이 눈을 틔우듯
길을 더듬고
맨몸으로 하늘을 받들다가
새 한 마리라도 보듬을 수 있다면
된바람에 여위어 가도 좋겠네

—「나무처럼」

시인이 이렇듯 한없이 가난하고 낮은 세계에 이르렀을 때 비로소 한없이 가볍고 평화로운 마음의 평정을 느끼고, 사랑이 깃든 '눈을 통하여' 인간과 사물의 진정한 가치를 제대로 보게 된다. "무게를 견딜 만큼 몸통을 줄" 여야만, 그리고 "별이 낮은 곳에 귀를 두" 어야만, 조화로운 우주적 교감이 서로 사랑을 나누는 세계에 도달할 수 있는 것이다.

「파도의 속성에 관하여」는 김일태 시인의 생명 사랑의 시학을 계시적으로 대변해 주고 있는 선언문과 같은 성격을 띠고 있는 작품으로서 중요한 의미를 지닌다고 할 수 있다. 말하자면 이 시는 그 자체로서 완결된 한 편의 시적 텍스트이면서 김일태 시인의 시론의 핵심을 압축해 놓은 일종의 매니페스트이기도 한 것이다.

누구를 사랑한다는 것은
스스로를 던져 버리는 일

세상이 빛을 비운 뒤에도
홀로 깨어
속내 일며 다가가서
맨살 맞대 보는 것

나직나직 가슴 부비는 소리
뭍이 바다와 만나는 소리

모래톱 짓듯
사랑은
짭조름히 서로에게 배어드는 것

질膣을 내며
뭍이 들이칠 때마다
솟구치며 쏟아내는
환호성 같은 것

사랑은, 그대 있는 샅샅에 나를 두어
절절하게 꽃이 되는 일
하얗게 피어서 부서지는 일

부서진 나를 낮게 거두어
야무지게
다시 그대 앞에 세우는 일

—「파도의 속성에 관하여」 전문

물론 이러한 사랑의 원리가 단지 남녀 사이의 상호 관계에서만 유효한 것은 아니다. 그것은 가까이는 친족 간의 끈끈한 인연에서부터 이웃에 대한 사랑, 더 나아가서는 인류와 우리를 둘러싸고 있는 대자연의 삼라만상 하나하나에 관련되는 매우 폭넓은 것이다.

김일태 시인이 말하는 사랑의 원리 가운데서 무엇보다 중시되는 것은 그 어떤 대가도 바라지 않는 순수한 아가페적 헌신의 자세다. 그는 편리와 이득만을 추구하는 이기주의적 욕심 속에서는 찾을 수 없는 순수한 헌신적 사랑을 최상의 것으로 제시한다. 이것은 마틴 뷰버가 말한바, 세계를 단순한 경험과 이용의 대상으로만 보는 '나—그것' 의 관계가 아닌 주체와 주체 사이에 인격적 교통이 이루어지는 '나—너' 의 진정한 만남의 세계와도 상통하는 것이다. 아낌없이 "스스로를 던져버리는" 이러한 순수한 사랑은 그저 일방적인 희생으로만 끝나 버리는 것이 아니다. 그것은 "질膣을 내며/ 뭍이 들이칠 때마다/ 솟구치며 쏟아내는/ 환호성 같은 것" 을 내지르게 만드는 최고의 환희를 맛보게 하는 커다란 가치를 지닌다고 할 수 있다. 그러니까 김일태 시인이 추구하는 사랑의 궁극은 관념적이고 추상적인 세계가 아니라 "맨살 맞대 보는" 관능적이고 구체적인 것이면서 "짭조름히 서로에게 배어드는" 상호적인 삼투압과 조화로운 교감의 세계로 요약할 수 있다.

이와 같은 우주론적 사랑의 세계는 단지 친족과 이웃과 동시대의 보통 사람들을 주제로 한 인간 묘사의 경우뿐만 아니라 자신을 둘러싸고 있는 사물들, 즉 자연을 주제로 한 자연 묘사의 경우에도 마찬가지로 나타난다. 다시 말하면, 그는 자연을 소유의 대상이나 목적 달성을 위한 수단으로 보지 않고 엄연히 살아 숨 쉬는 생명체, 즉 매우 소중한 의미를 지니고 있는 하나의 인격체로 보는 것이다.

봄눈 녹여낸 천주산 봉우리가
봉그슴한 젖가슴처럼
탱글탱글해졌다

—「봄눈, 녹았다」 부분

누가 하늘을 높이 키우고 있는지 와서 보라
가슴을 드러내 놓은 채
장복 불모 장엄한 허리 베고 누워
하늘에 젖 물리고 있는 산이 있다

검푸르도록 유선도 선명한
양지바르게 진해 바닷물 갈무리해 올려
수천 수만 년 먹이고도 팽팽하게
불어 있는 저 젖꼭지
영험하다며 어느 왕녀도 비손 다녀갔다는

젖배 부른 하늘이 잠시 조는 사이
구름 몇 낱 슬쩍 젖무덤 만지다가 가도
민망하지 않은
곰 같은 산이 있다

—「시루봉」 전문

위의 두 인용시에서 보듯이, 천주산 봉우리를 “봉그슴한 젖

가슴처럼/ 탱글탱글해졌다"고 표현한 것이나, 진해시 자은동 뒷산의 시루봉을 "가슴을 드러내 놓은 채/ (…중략…)/ 하늘에 젖 물리고 있는" 젖꼭지라고 표현한 것은 단순한 수사적 비유 이상의 시적 함의를 지닌다고 할 수 있다. 젖가슴 또는 젖무덤에 비유되고 있는 산봉우리의 형상이 에로틱하면서도 건강한 대지모신의 상징으로 묘사되어 있어, 우리는 즉각 무한한 생성의 에너지를 내장하고 있는 신화적 어머니 마그나 마테르를 떠올리게 된다. 특히 「시루봉」에 보이는 "하늘을 높이 키우고 있는", "수천 수만 년 먹이고도 팽팽하게/ 불어 있는 젖꼭지" 라는 묘사는 김일태 시인의 시적 발상이 범상치 않음을 잘 보여 준다. 아래에 위치한 산이 하늘에 젖을 물려 산을 높이 자라게 만든다는 독특한 상상력은 우주적 조응의 세계관을 지닌 시인이 아니고서는 생각할 수 없는 발상인 것이다.

김일태 시인의 이러한 생명 사랑의 시학은 사람을 주제로 묘사하든 자연을 주제로 묘사하든 '애정이 깃든 사고'와 '눈을 통하여' 깊이 포착된 통찰력에서 비롯된다고 할 수 있다. 「따로국밥 같은」이라는 정겨운 사랑의 시는 "따로이면서 하나인" 모순합일의 세계, "밥알 같고 국물 같"지만 "풀기 있게 넉넉하게/ 참 잘 어울려 한평생을 살다 가"는 우리네 인생 축도를 한 폭의 판화로 소묘해 놓은 듯한 선명한 아름다움을 전해 준다. "누가 누구에게도 보태지"지도 않으면서 "이내 하나로 풀려 섞"이는 오묘한 사랑의 조화의 세계를, '따로국밥'이라는 아주 하찮은 소재를 빌려 감동적으로 드러내는 데 성공한 점으로 미루어, 김일태 시인의 전반적인 시적 형상화 솜씨

가 어느 경지에 이르렀는지를 확실히 가늠할 수 있다.

누가 누구에게로 보태지는 것을 경계하면서도
이내 하나로 풀려 섞일 듯 잘 접히는
맞선 자리의 그들 같은

들이붓듯 단번에 세상의 시간을 마는 이에게도
끝내 까탈스런 이에게도
성미대로 두루 공평한

따로이면서 하나인
열린 세상

밥알 같고 국물 같았지만
풀기 있게 넉넉하게
참 잘 어울려 한평생을 살다 가신
아버지 어머니

—「따로국밥 같은」 전문

하지만 위의 시에서 볼 수 있는 바와 같이, 대부분의 시편들이 시인이 직접 시 속으로 들어가 자신의 관념적 해석과 설명을 풀어 놓는 전개 유형은 그가 뛰어넘어야 할 한계로 지적할 수 있다. 물론 이것은 김일태 시인만의 문제라기보다는 요즘 열심히 활동하고 있는 상당한 평가를 받고 있는 우리 시인들

에게서도 흔히 발견되는 한계이기도 하다. 그러나 이 문제는 하루아침에 극복하기 어려운 것인 만큼 더 명징하면서도 단단한 이미지의 결정체, 즉 '말하는 그림peinture parlant' 으로서 시 작품이라는 이상을 실천적으로 구현하는 지난한 작업은 잠시 미루어 두고, 우선 무엇보다 급선무인 건강을 잘 챙겨 힘찬 활기를 회복하기를 빌어마지 않는다.